신
기
한

돈

신기한 돈
ふしぎなお金

2016년 9월 22일 초판 인쇄 **○ 2016년 10월 5일 초판 발행 ○ 지은이** 아카세가와 겐페이 **○ 옮긴이** 김난주
펴낸이 김옥철 **○ 주간** 문지숙 **○ 편집** 강지은, 우하경 **○ 디자인** 남수빈, 안마노 **○ 손글씨** 남수빈
마케팅 김헌준, 이지은, 강소현 **○ 인쇄·제본** 영림인쇄 **○ 펴낸곳** (주)안그라픽스 우10881
경기도 파주시 회동길 125-15 **○ 전화** 031.955.7766 (편집) 031.955.7755 (마케팅) **○ 팩스** 031.955.7745 (편집)
031.955.7744 (마케팅) **○ 이메일** agdesign@ag.co.kr **○ 웹사이트** www.agbook.co.kr **○ 등록번호** 제2-236(1975.7.7)

HUSHIGINA OKANE
by Genpei AKASEGAWA
© Genpei AKASEGAWA 2005, Printed in Japan
Korean Translation Copyright © 2016 by Ahn Graphics Ltd.
First Published in Japan by Mainichi Shimbun Publishing Inc.
Korean translation rights arranged with Mainichi Shimbun Publishing Inc.
through Imprima Korea Agency.

이 책의 국립중앙도서관 출판시도서목록(CIP)은 서지정보유통지원시스템(seoji.nl.go.kr)과
국가자료공동목록시스템(www.nl.go.kr/kolisnet)에서 이용하실 수 있습니다.
CIP제어번호: CIP2016022065

ISBN 978.89.7059.867.3 (03600)

아카세가와 겐페이

김난주 옮김

신기한 돈

안그라픽스

지갑과 권총

한겨울 술집이나 레스토랑에 들어섰을 때,
"코트 이리 주시죠."라는 말을 들으면
다들 깜짝 놀라지 않을까.
코트 안주머니에는 권총이 들어 있으니 그렇다.
총이 든 코트를 그냥 맡겨도 괜찮을까.

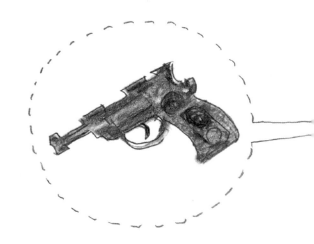

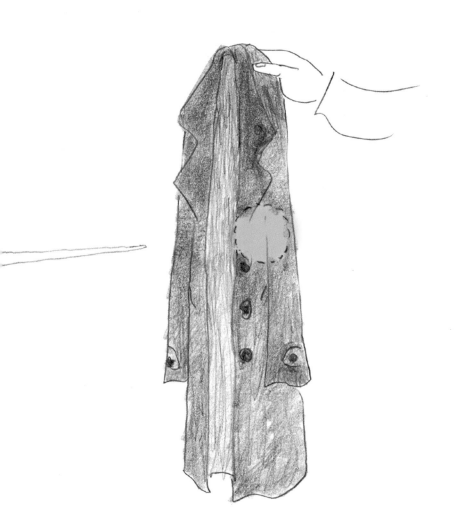

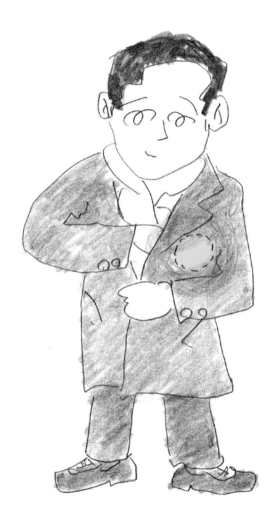

그런 착각이 들 만큼
지갑은 권총과 비슷하다.
그래서 "귀중품은 없는지요?" 하면
혹시나 가져갈까 봐
그 호신용 권총 같은 지갑을
제 몸에 있는 다른 주머니로 옮긴다.

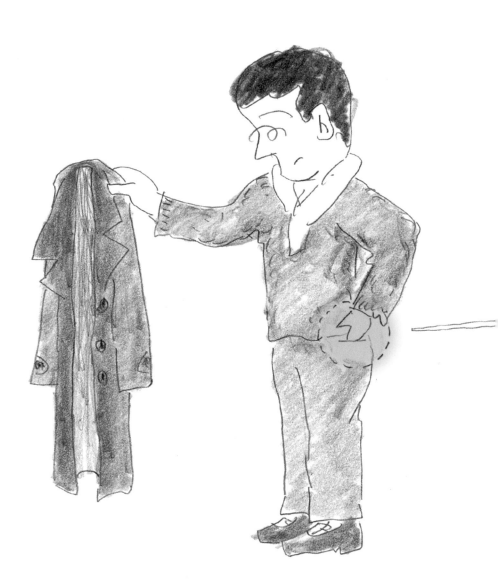

그런데 옮겨 넣으면서
왠지 껄끄러워진다.
왠지 한심해진다.
상대방을 그렇게 믿지 못하는 것인가,
맨몸으로 있기가 그리 무서운가 하는
목소리가 뒤쫓아온다.

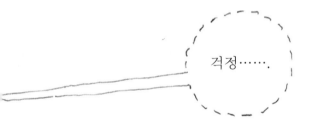

걱정…….

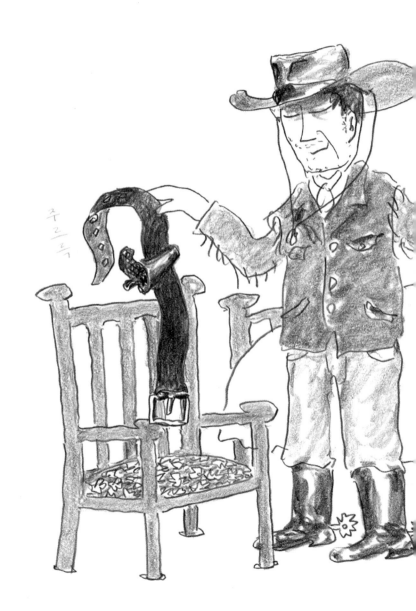

옛날 서부 영화에서는
권총대를 푸는 장면을 종종 볼 수 있다.
여관에 도착해
또는 자기 집으로 돌아가,
적이 없어 안심할 수 있는 상태가 되면
비로소 권총대를 풀어 의자에 걸쳐놓는다.
총잡이가 긴장을 내려놓는 순간이다.

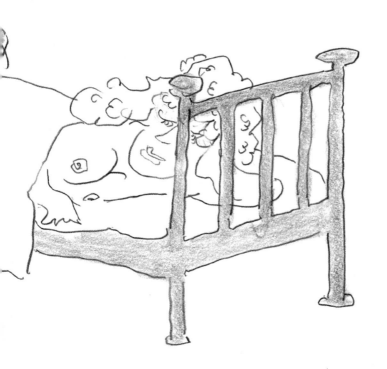

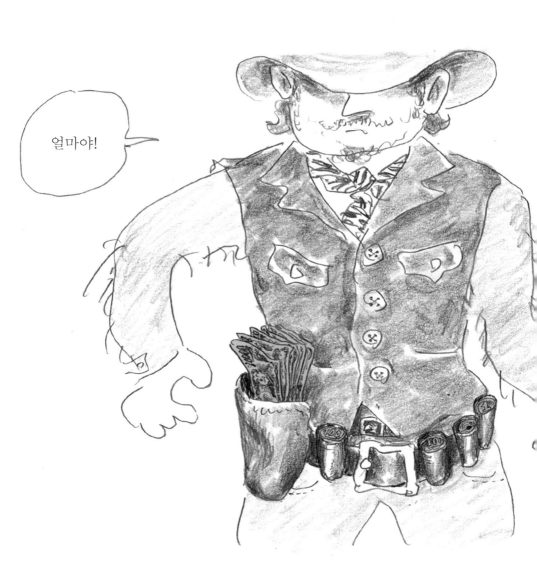

그런데 그 권총대는 사실
현금을 고스란히 보이게 장착한 혁대가 아닐까.
총잡이는 그 현금으로 힘겨루기에 나선다.

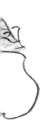

일본의 경우,
메이지 시대 이전의 무사는 하나같이
크고 작은 칼을 차고 다녔다.
사내가 한 걸음 밖으로 나서면
7인의 적이 있다는 말이 있을 정도였으니,
크고 작은 칼을 늘 허리에 차고 다녔다.
호신용이며 권위이기도 하다는 점에서
칼은 오늘날의 돈과 비슷하다.

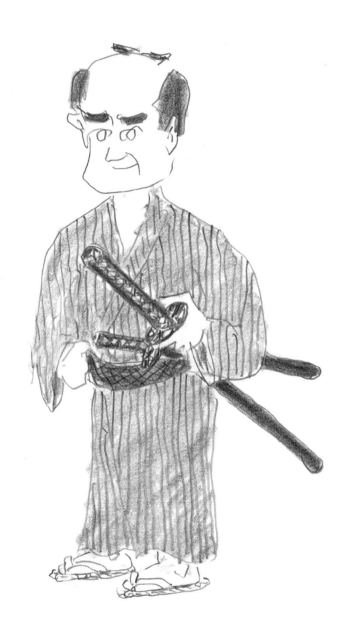

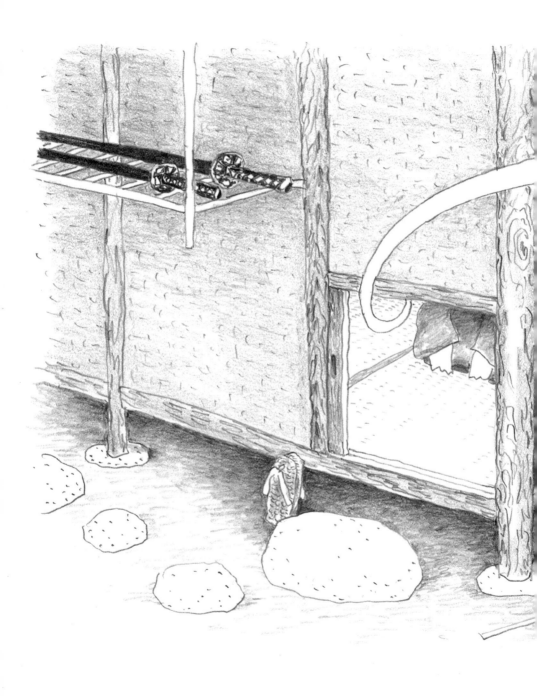

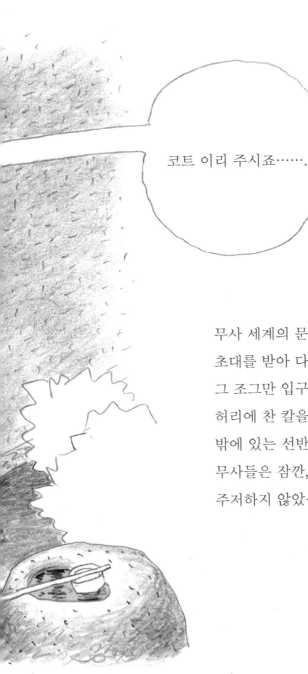

코트 이리 주시죠…….

무사 세계의 문화 중에 차 문화가 있다.
초대를 받아 다실 앞에서
그 조그만 입구로 들어가려면
허리에 찬 칼을 빼
밖에 있는 선반에 두어야 했다.
무사들은 잠깐,
주저하지 않았을까.

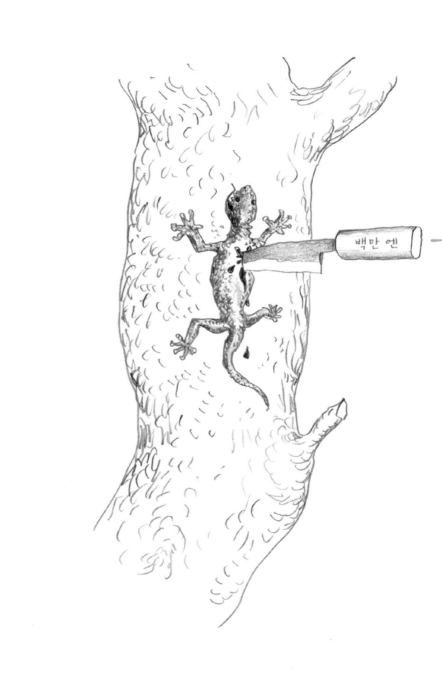

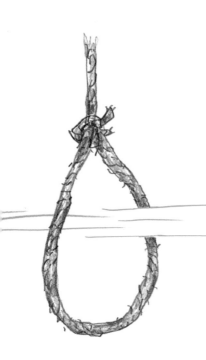

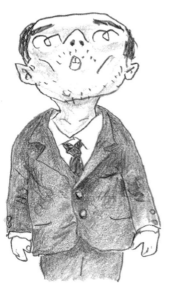

지갑은 칼이나 권총과 달리
사람을 죽이는 도구는 아니다.
그러나 사람은 돈 때문에
살인을 하고
목을 매달기도 하니,
돈이란 역시 흉기의 빛을 품고 있다.

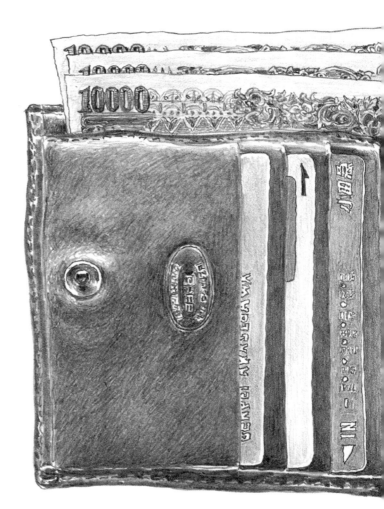

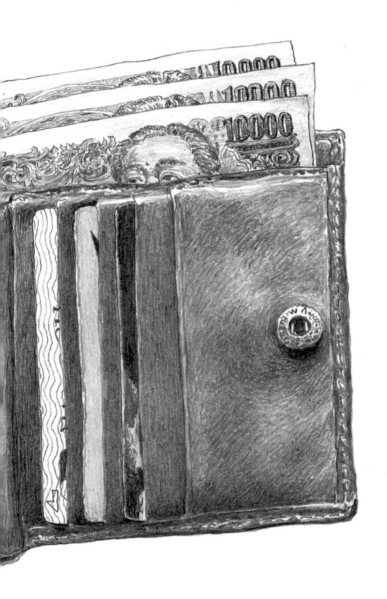

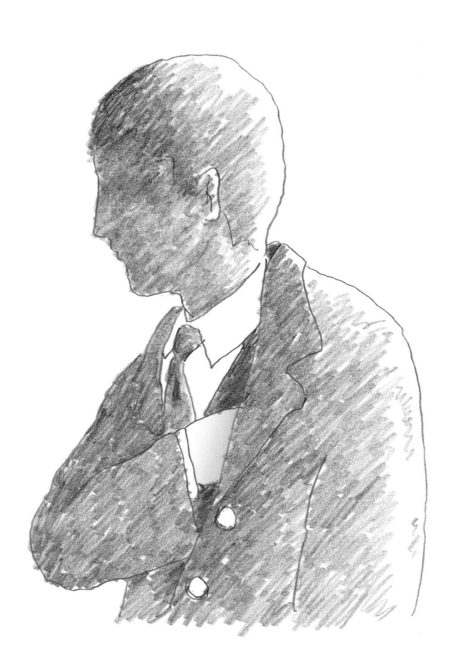

권총이나 지갑이나
조심스러운 물건이다.
여차하는 때가 닥치면
권총을 쏘아대듯
돈을 뿌린다.

하지만 '여차'하는 때가 아니면
지갑은 얌전히 주머니 안에 들어 있다.
안전한 현대 사회에서는
더욱이 깊은 안주머니로 숨어들었다.

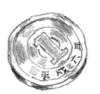

현금은 피

발치에 돈이 떨어져 있다.
그걸 보는 순간, 화들짝 놀란다.
두 번 접혀 있어,
돈이란 것만 겨우 알 수 있는데도
왜 그렇게 놀라는 걸까.

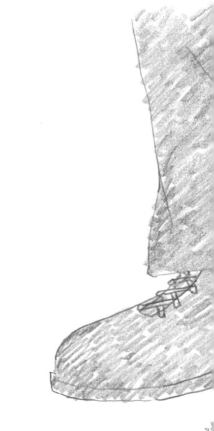
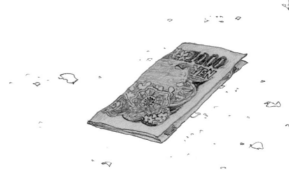

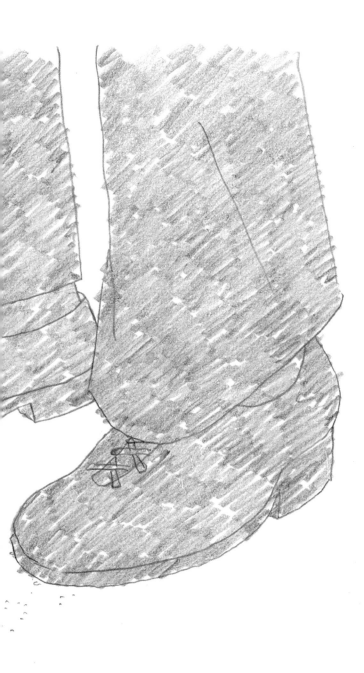

발치에 피가 떨어져 있다.
그걸 보는 순간, 화들짝 놀란다.
빨간 액체일 뿐인데
유난히 깜짝 놀란다.
봐서는 안 될 것을 본 것처럼,
타인의 은근한 비밀을 본 것처럼,
긴장한다.

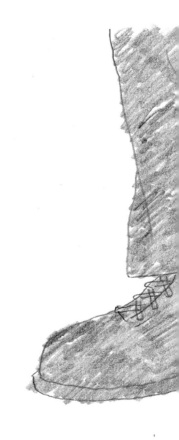

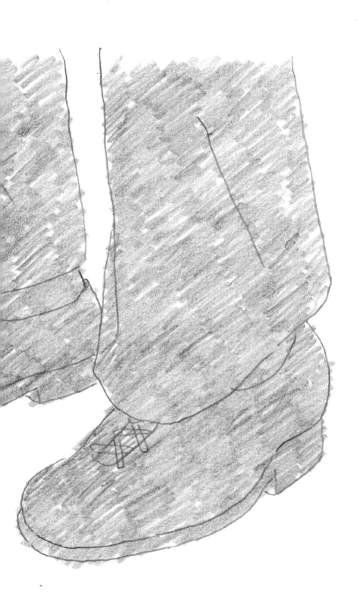

피는 개인적인 액체이다.
인간의 피는 인간의 몸 안에 꼭꼭 담겨서
어지간한 일이 없는 한 밖으로 나가지 않는다.
나가면 큰일이 난다.
돈 역시 개인적인 물품이다.
자기 돈은 자기 지갑 안에 꼭꼭 담아
잘 꺼내지 않는다.
함부로 내보내지 않는다.
보란 듯이 뿌리고 다니면,
큰일이 난다.

만약, 어쩌다 옷이 찢어지고
주머니가 터지고
지갑이 뚫려
안에 든 돈이 팔랑팔랑
밖으로 흩날린다면…….

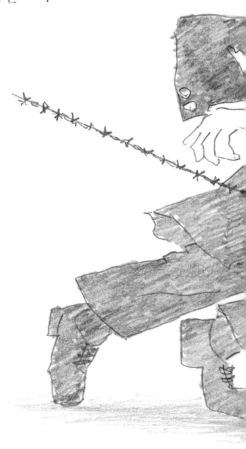

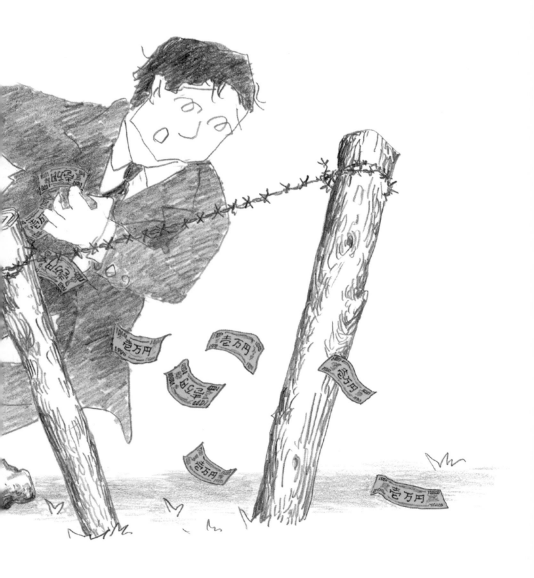

그것은
살이 찢어지고
혈관이 터져
피가 콸콸 쏟아지는 것과
마찬가지 아닐까.

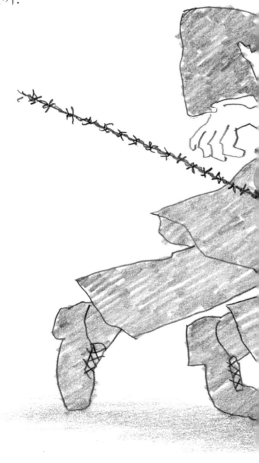

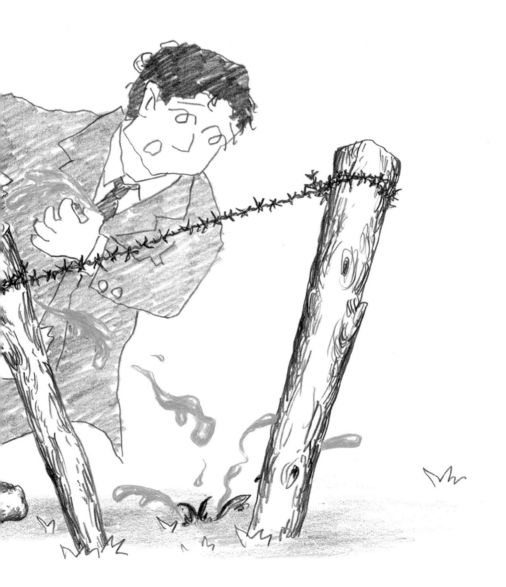

사람은 서둘러
지폐를 주워 모아
다시 지갑에 담고
안주머니에
단단히 집어넣는다.

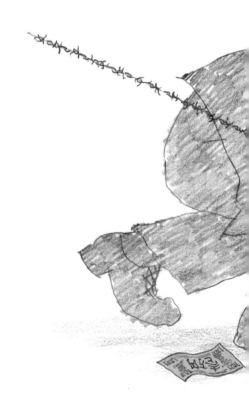

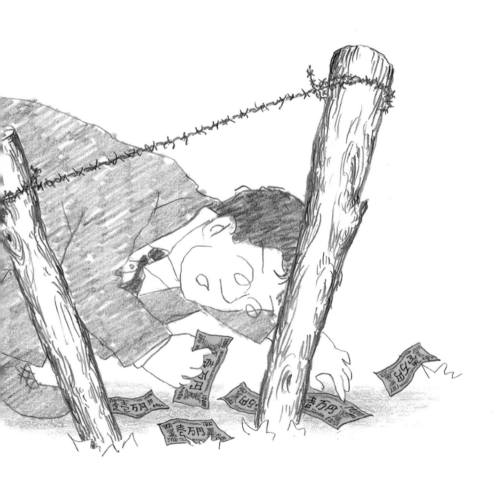

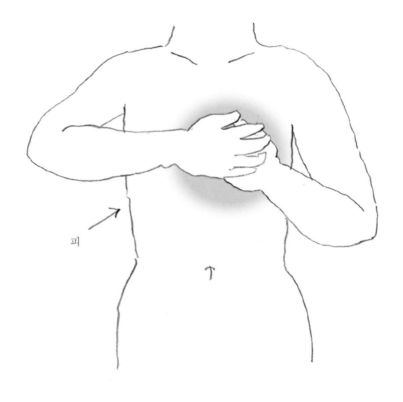

피

사람은 얼른 상처를 누르고
피가 더 이상 밖으로
나가지 못하게 한다.

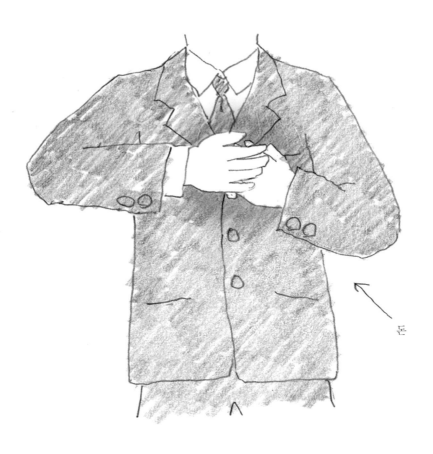

돈

돈이든 피든
최대한 밖으로 노출하지 않고
사람 눈에 띄지 않게
자기 안에 꼭꼭 담는다.

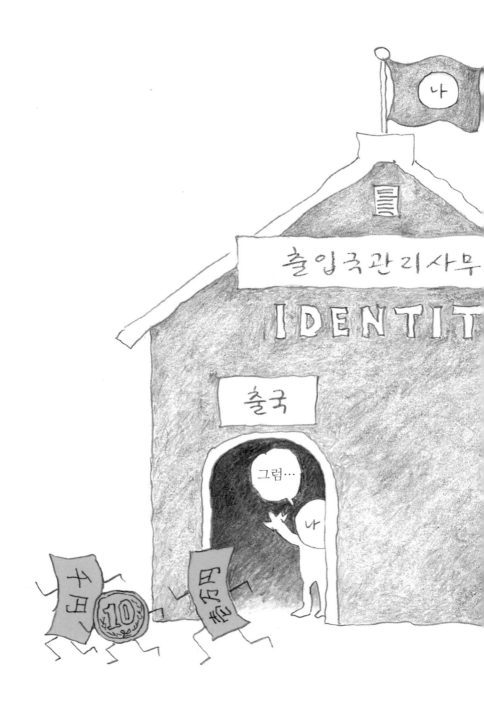

돈은 나라에서 만드는 것이니
금액이 같으면 어느 돈이나 똑같은데,
자기 돈은 어디까지나 자기 돈이다.
타인의 돈도 똑같은 돈이지만
그건 어디까지나 타인 것이다.

자기 돈과 남의 돈은 엄연히 다르다.
그런 돈이 경우에 따라
내게서 남에게로
남에게서 내게로
오간다.

피도 인간의 피라면 대개 성분이 다르지 않다.
그러나 자기 피는 어디까지나 본인 피라서
자신의 몸 안에 밀폐되어 있다.
그러나 경우에 따라서
타인을 돕기 위해 헌혈도 한다.

돈도 그렇다.
타인에게 기부하거나 선물하기도 하고,
투자에 실패해서 잃기도 한다.

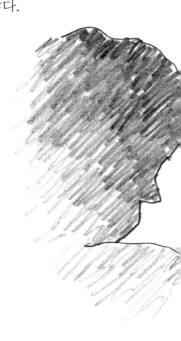

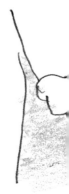

긴장 푸세요…….

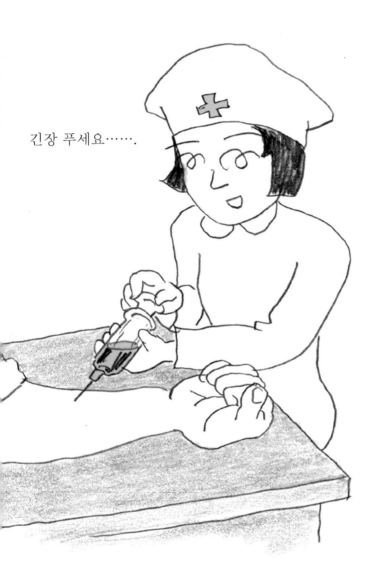

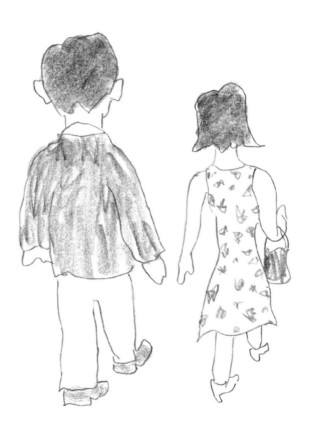

돈과 피는 생명과 연관된다.
에너지의 원천이다.
움직이는 물체이다.
피비린내 나는 것이다.
하지만 빛난다.
갑자기 보게 되면 깜짝 놀란다.
개인적인 것이면서
공유할 수 있는
신기한 것이다.

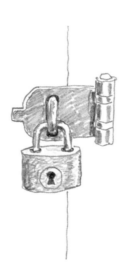

돈의
조상

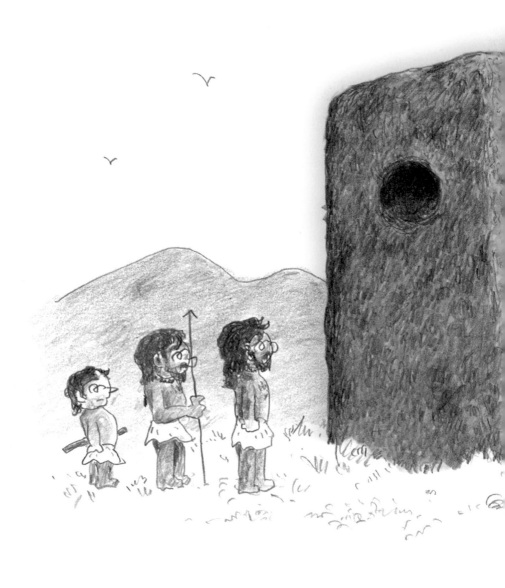

아주 오랜 옛날,
돈은 물건이었다.

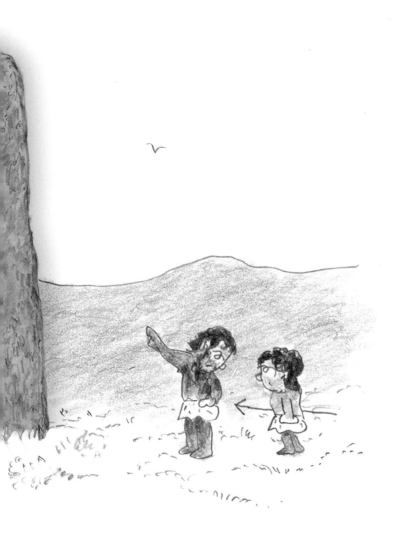

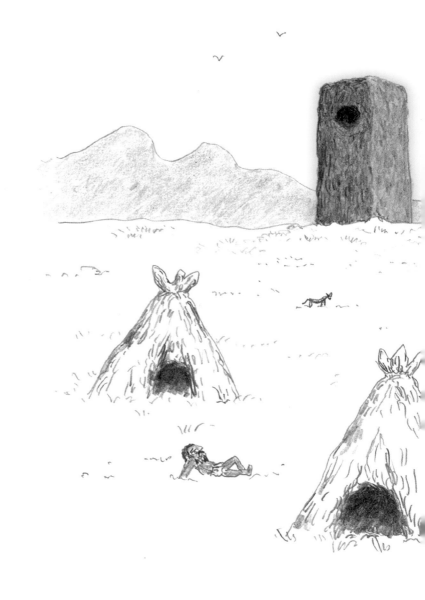

그 물건은 돌이었다.
돌이 언제부터
종이돈이 되었는지는
알 수 없지만,
돌은 마을 전체의 재산이었다.

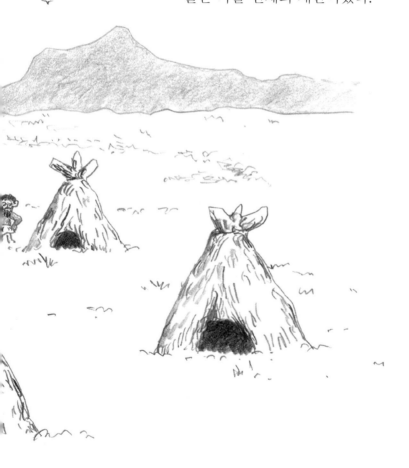

그러나 인간 사회에는
언제든 다툼이 있었다.
그것이 전쟁이 되어
A족은 B족에게 지고 말았다.

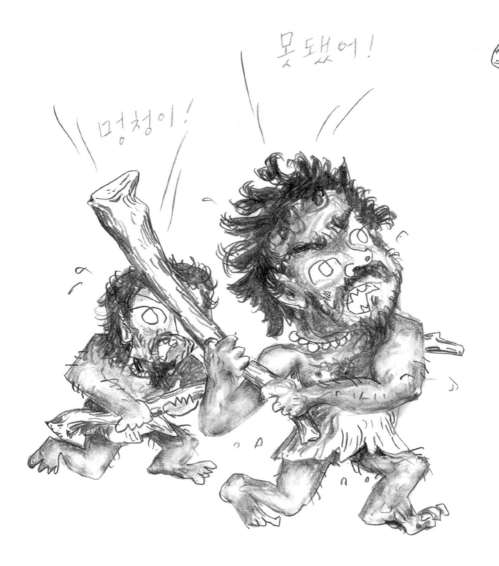

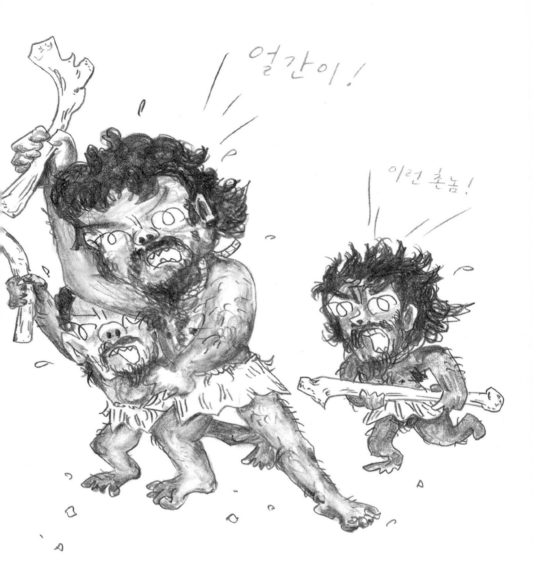

진 A족은 전쟁 배상금을 치러야 했다.
이긴 B족은 다 같이
A족 마을의 재산을 끌고 갔다.

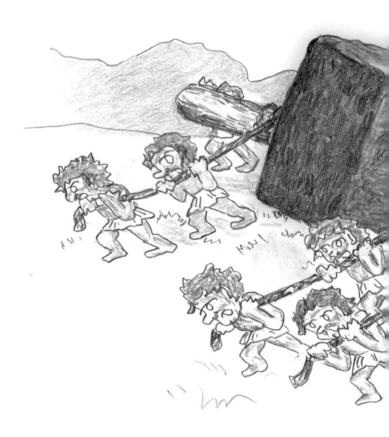

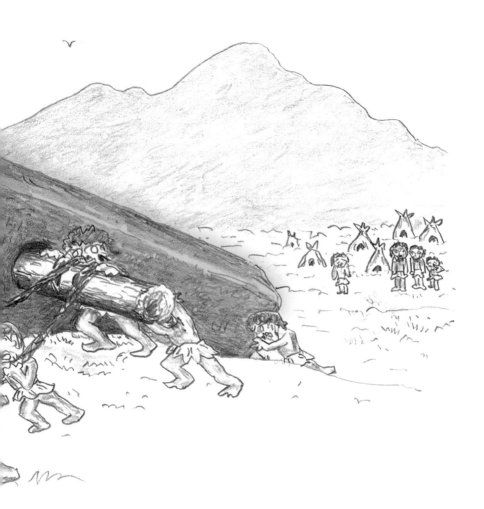

얼마 뒤,

인간 사회에서 또다시 다툼이 생겼다.

다툼이 전쟁이 되어

이번에는 B족이 A족에게 지고 말았다.

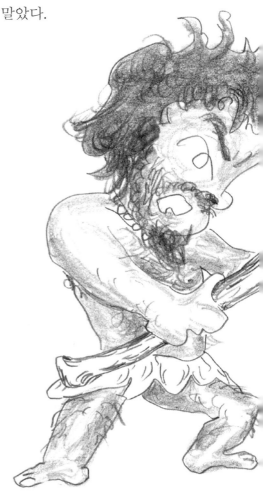

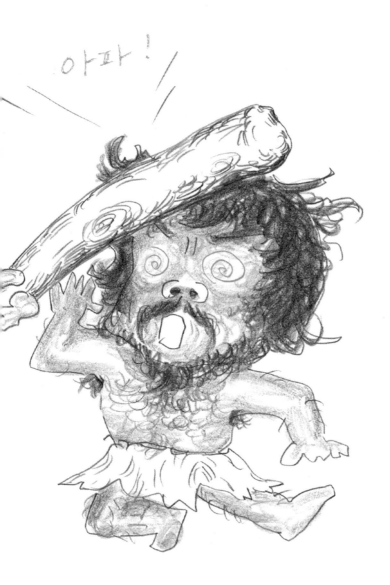

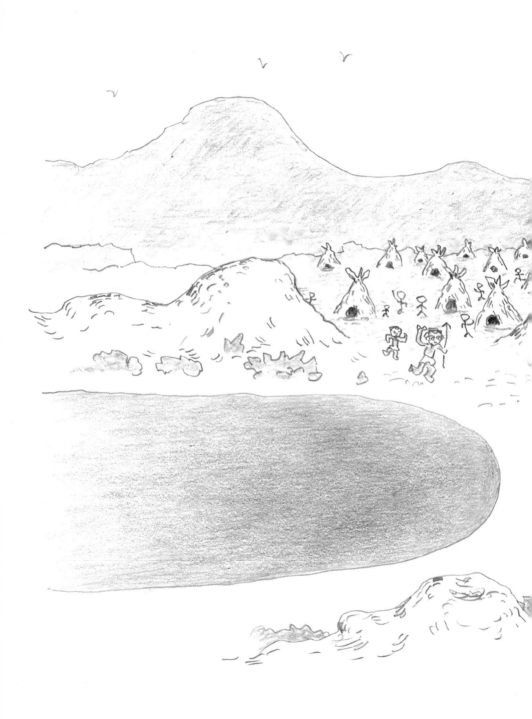

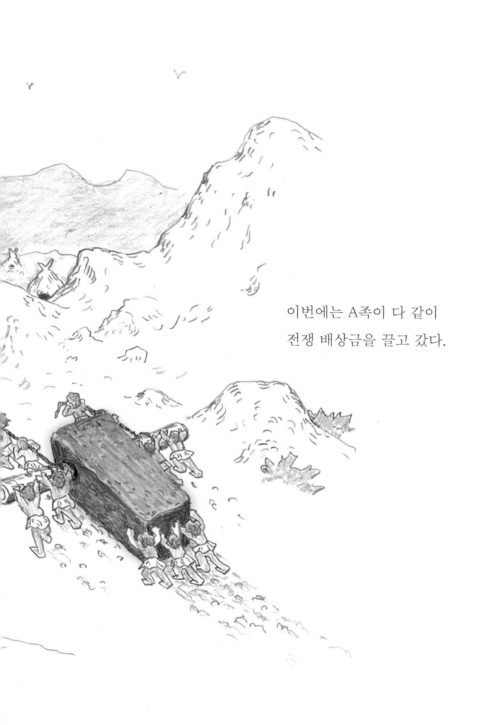

이번에는 A족이 다 같이
전쟁 배상금을 끌고 갔다.

그렇게 전쟁이 벌어질 때마다
그 '거금'은 이쪽저쪽으로 옮겨졌고,
그러다 도중에 호수로 굴러떨어지고 말았다.
호수에서 그 '거금'을 끌어올리는 것은
보통 일이 아니었다.
'언젠가 어떻게든 하지.'
그런 생각으로,
다 같이 기억만 하기로 했다.

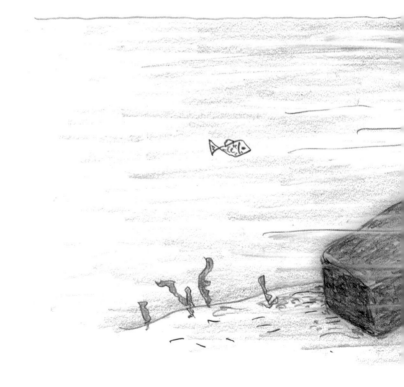

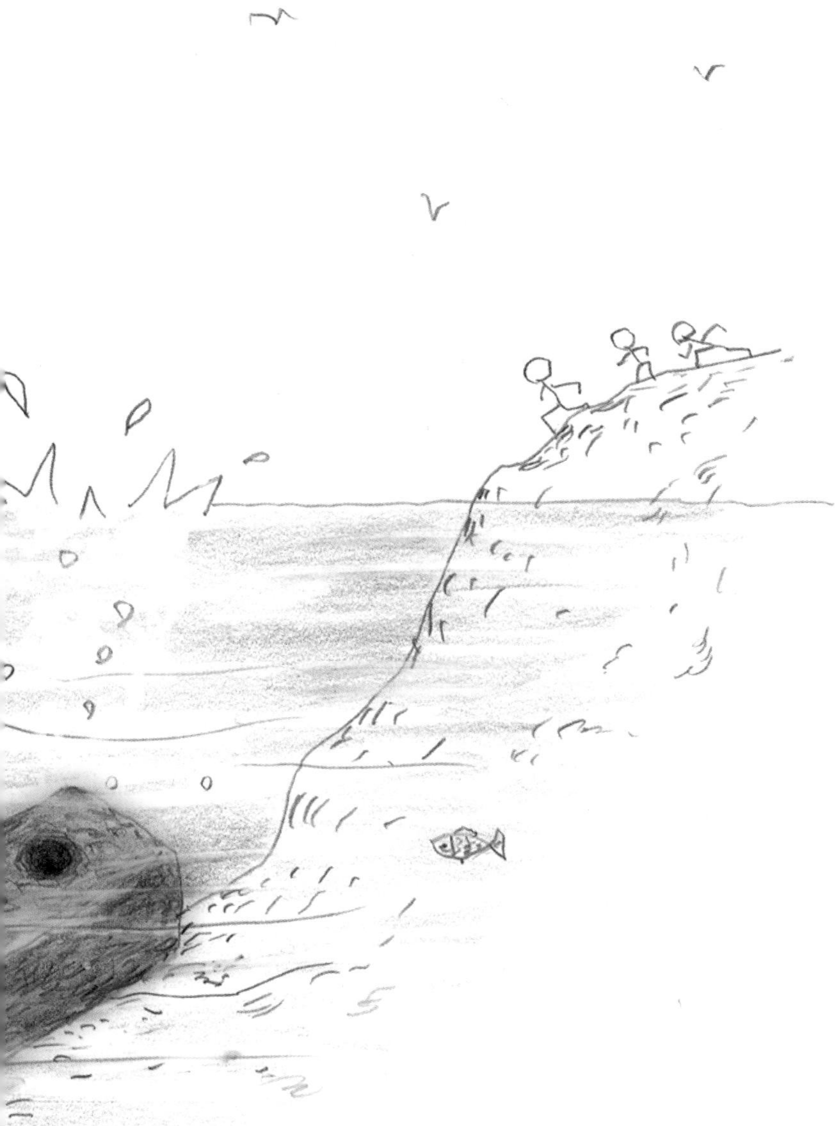

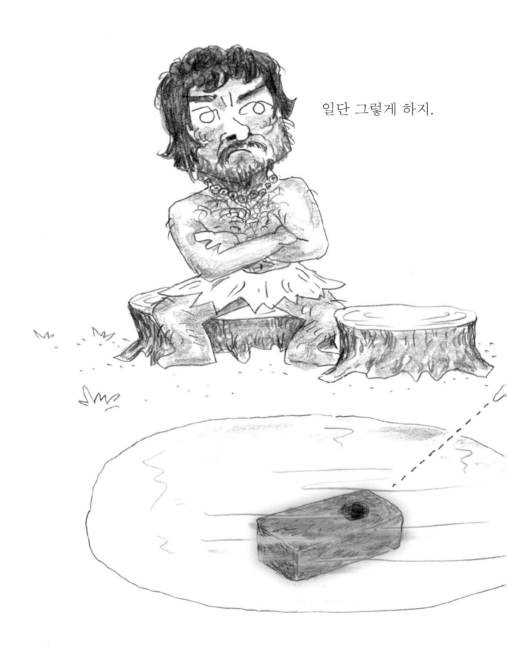

일단 그렇게 하지.

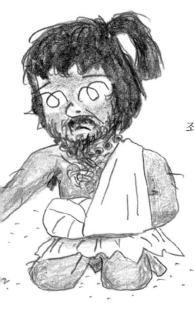

죄송합니다.

다음 전쟁이 벌어졌을 때,
배상금은 호수에 가라앉아 있으니
이긴 쪽이 그냥 가지기로 했다.
언젠가는 끌어올린다는 전제 아래.

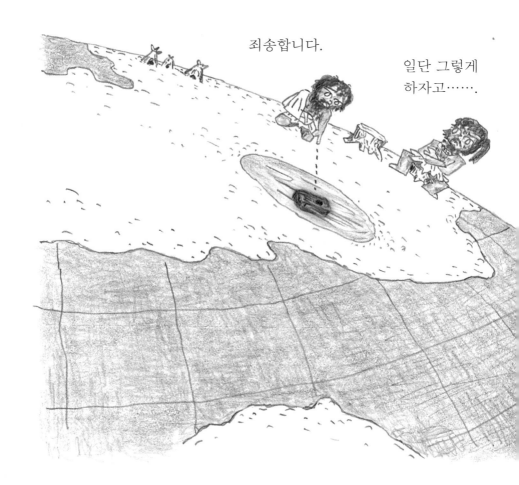

그리고 또 전쟁, 또 전쟁.
그럴 때마다
호수에 가라앉은 '거금' 대신
이긴 자와 진 자 사이에
약속만 오갔다.

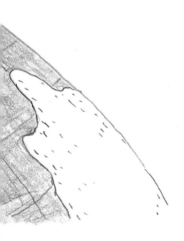

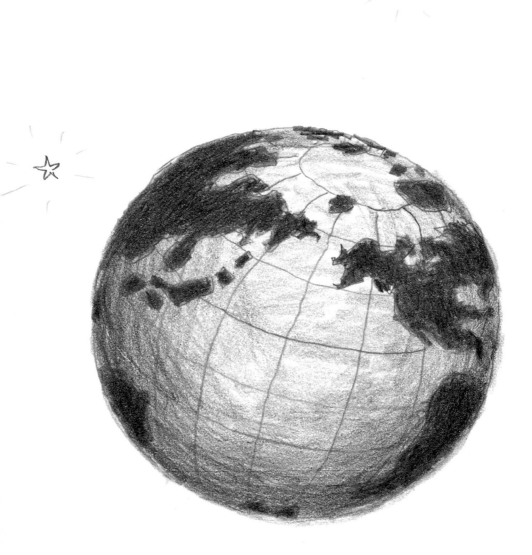

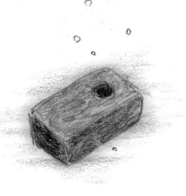

그렇게 세상에
돈이란 것의 실체가 나타났다.
그러나 돈의 실체는
눈에 보이지 않는다는 특징이 있다.
돈은 점점 더 실체를 감추게 되었다.
언젠가는 끌어올려 넘기겠다는
'약속'만 있을 뿐이다.
그 '약속'이 지금은 온 지구를 뒤덮고 있다.

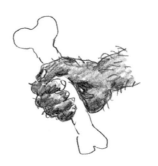

니
나
의

어
음

니나는 우리 집 강아지다.
강아지는 아침저녁 두 번 산책을 한다.
강아지는 한가하지만
인간은 그렇지 않기 때문에
저녁 산책길에는 시장도 본다.

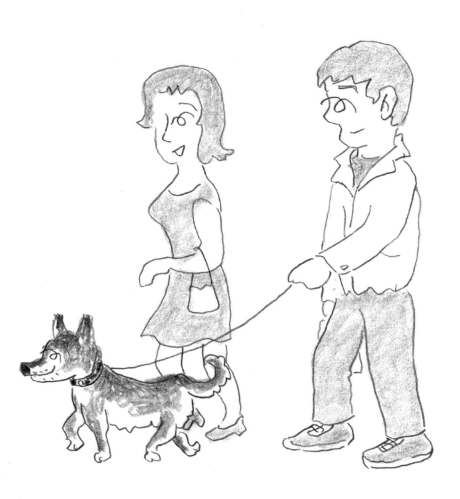

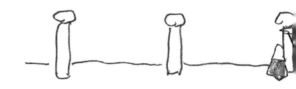

슈퍼마켓에서 시장을 보는 동안
니나는 목줄에 묶여
밖에서 기다린다.
시장을 보고 나오면
그 모습이 대견하고 안쓰러워서,
상으로 소시지 하나를 준다.

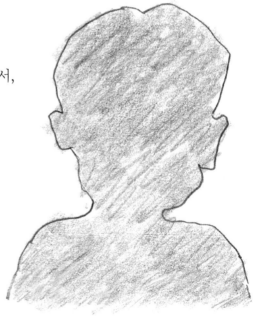

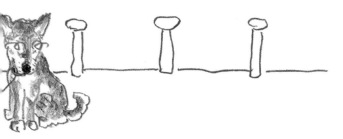
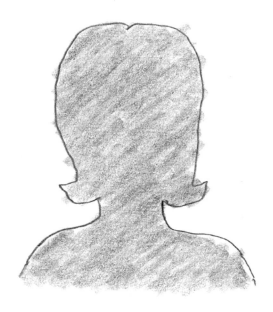

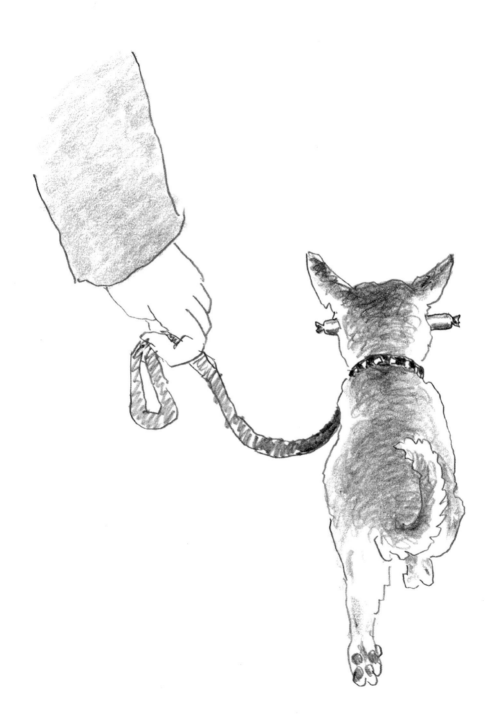

니나는 그걸 입에 덥석 물고서
종종 걷기 시작한다.
가르친 것도 아닌데
그 자리에서는 먹지 않는다.
빨리 집에 가 먹으려고
열심히 걷는다.
니나가 이리저리
기웃거리지 않아 편한 인간은
시장을 보고 오는 길에
습관적으로 소시지를 주게 되었다.

집에 돌아오면 니나는
부엌에서 얌전히 기다린다.
소시지 껍질을 벗겨주면
그제야 허겁지겁 먹는다.
이로 깨물고 있어
조그만 구멍이 났을 테고
고기 맛도 느꼈을 텐데,
꾹 참고 집에 와서 먹다니
기특하다.

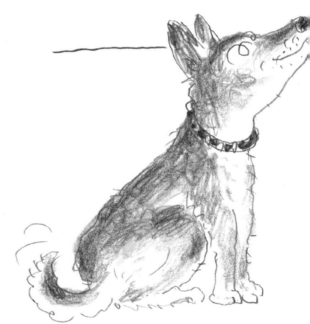

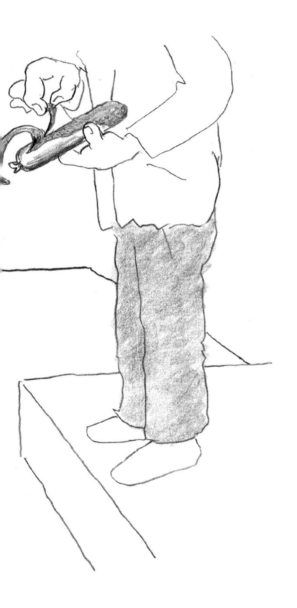

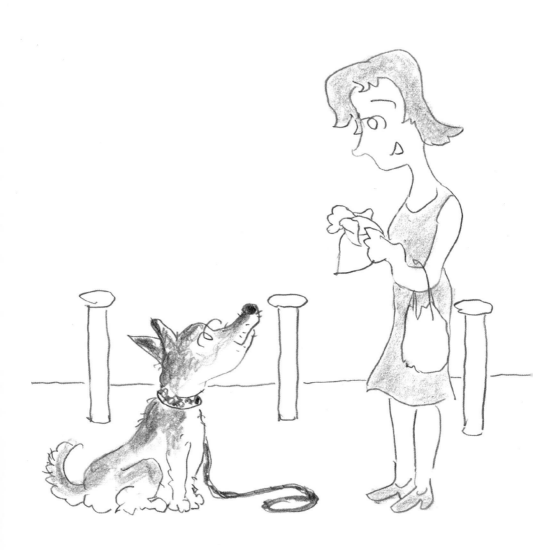

그런데 어느 날,
시장을 다 보고 슈퍼마켓에서 나온 아내가
니나의 소시지를 깜박했다는 것을
뒤늦게 알았다.
"어머, 니나. 미안해."
아내는 재치를 부려
가방에서 꺼낸 손수건을 돌돌 말아
니나에게 내밀었다.
니나는 아무 의심 없이 그걸 덥석 물고
종종 걷기 시작했다.

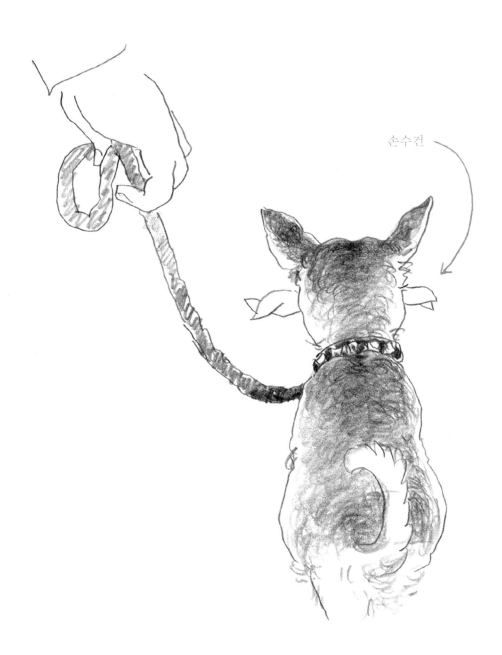
손수건

니나는 손수건을 물고
여느 때처럼 열심히 걷는다.
입에 문 것이 먹을 수 없는
손수건이라는 걸 잘 알 텐데,
그런데도 열심히 걷는 모습이 야무지다.
애처롭다.
니나는 어떤 기분이었을까.

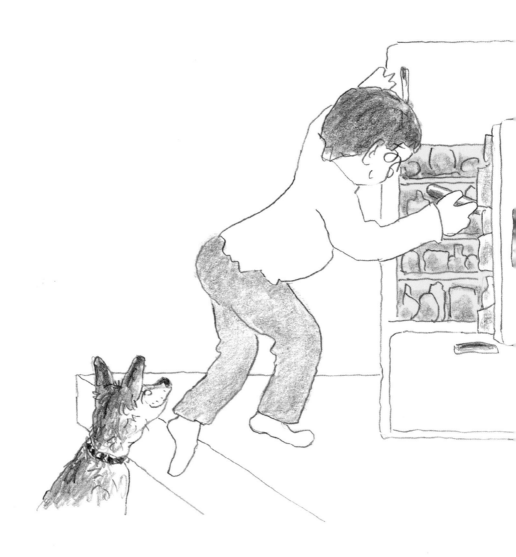

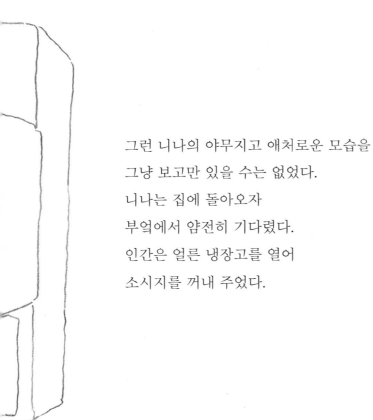

그런 니나의 야무지고 애처로운 모습을
그냥 보고만 있을 수는 없었다.
니나는 집에 돌아오자
부엌에서 얌전히 기다렸다.
인간은 얼른 냉장고를 열어
소시지를 꺼내 주었다.

니나는 그걸 당연하다는 듯이
덥석 물고는 맛있게 먹었다.
그 모습을 보면서 깨달았다.
'그렇구나, 이게 니나의 현금이구나.'
손수건은 '어음'이었다.
약속어음이다.
그걸 집에 돌아가 현금으로 바꿔야
거래가 성사되는 것이다.
부도어음을 발행하면 안 된다.
그런 걸 가르쳐주다니,
니나는 정말 대견하다.

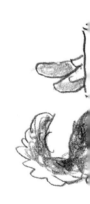

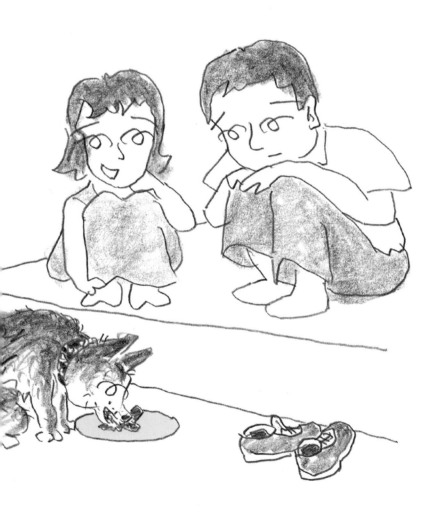

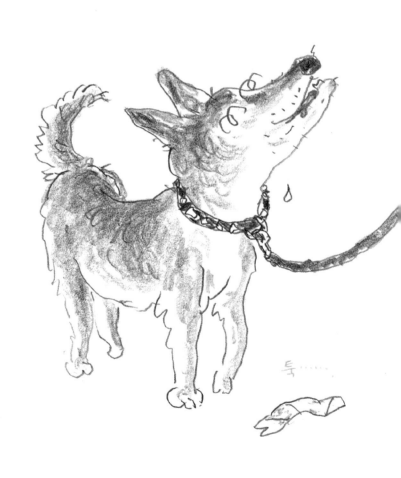

그렇게 니나와

현금과 어음의 통상협정을 맺었다.

그리고 슈퍼마켓에서 돌아오던 어느 날.

니나는 그날 손수건을 물고 있었다.

어음이다.

그런데 건널목에서

신호가 바뀌기를 기다릴 때,

니나가 손수건을 툭 떨어뜨리고

아내를 올려다보았다.

'왜지?' 하고 생각했다.

니나……, 왜 그러니?

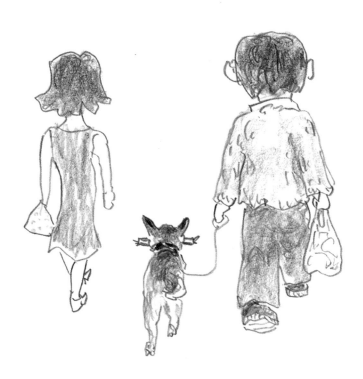

아내는 금방 알았다.
슈퍼마켓에서 돌아오는 길,
사거리에 조그만 편의점이 하나 있다.
아내가 그곳에서 가끔 뭘 산다는 걸,
니나는 알고 있었다.
그래서 니나는 어음도 좋지만,
여기서 얼른 현금화할 수 없겠느냐고
아내에게 물은 것이다.
대단하다. 니나는 지식인이다.

어렸을 때 읽은 소설 중에,
부잣집 아이에게 괴롭힘을 당하는
가난한 집 아이가 있었다.
그 가난한 집은 어음 때문에 전전긍긍했다.
그런데 그 어음이란 게 뭔지
도무지 알 수 없었다.
이제, 니나와 아내에게 배웠다.

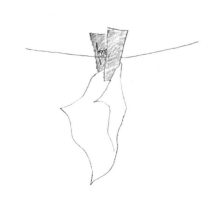

악화는 양화를 구축한다

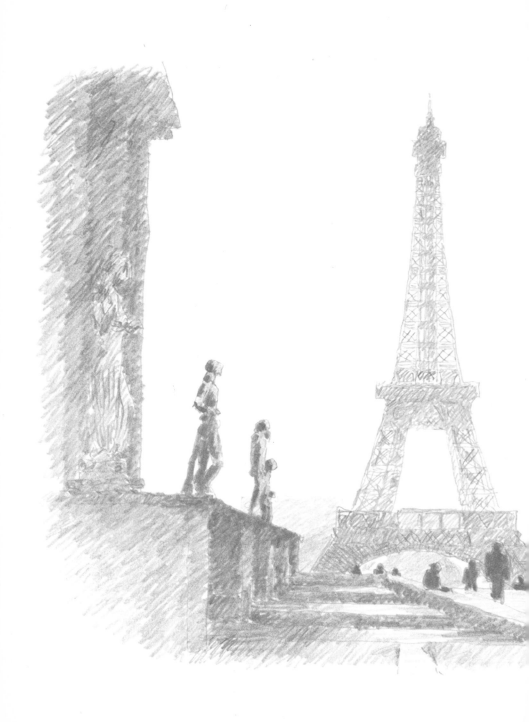

파리에 갔을 때, 물건을 사고
거스름으로 엄청나게 더러운 돈을 받았다.
손 내밀기가 주저될 만큼 더러웠다.
그런 지폐가 유통되고 있다는 것이 놀라웠다.
어째 세균이 옮을 것 같았다.

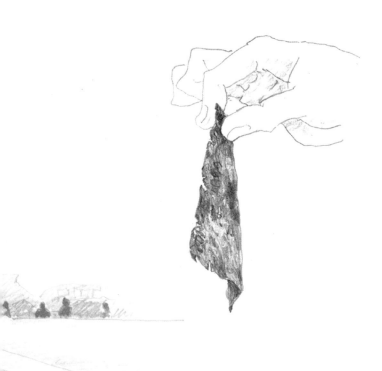

일본에도 물론 낡고 더러운 지폐는 있다.
그래도 이 정도로 심한 건 본 적이 없다.
전체적으로 파리에서는 지폐가
험하게 다뤄지는 인상이었다.
쇼핑하는 상품이 중요하지,
돈은 그 과정에 불과한 느낌이 컸다.

봉주르

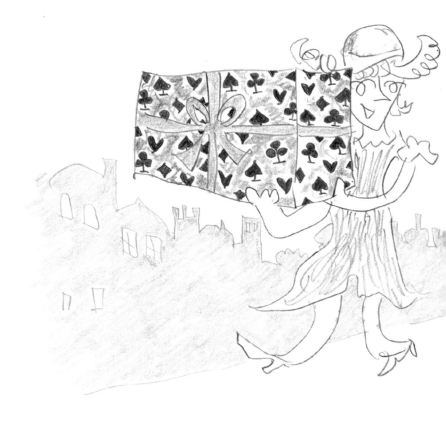

메르시

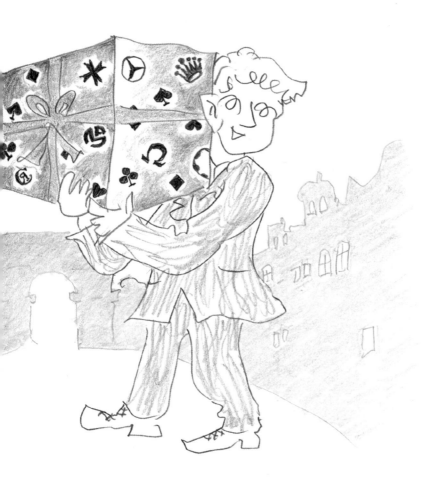

고맙습니다.

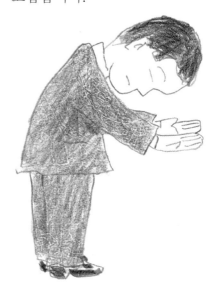

사실이 그렇지만, 일본에서 지폐는
좀 더 소중하게 다뤄지지 않나 싶다.
현찰의 '찰(札)' 자는 신사에서 파는
'부적(お札)'과 같은 한자를 쓴다.
물건보다 위라는 사고가 있는지도 모르겠다.

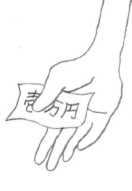

여기, 있습니다.

마담

세봉

메르시보쿠

왕, 되, 트루타

주세네파

세라비무슈

드골

아무튼,
다른 물건을 살 때
그 더러운 돈을 제일 먼저 냈다.
외국 돈은 신기해서
이리저리 보게 되지만
그렇게 더러운 돈은
빨리 써버리고 싶다.
통화이기는 해도
인간 사회의 때 같은 느낌이었다.

마메종

봉   보르도

샹송

주템므

그렇게 더러운 돈을 제일 먼저 내면서
'악화는 양화를 구축한다'는 말이
이런 건가 하고 생각했다.
그 돈을 받은 사람 역시
지니고 있기 싫어,
제일 먼저 써버리지 않을까.

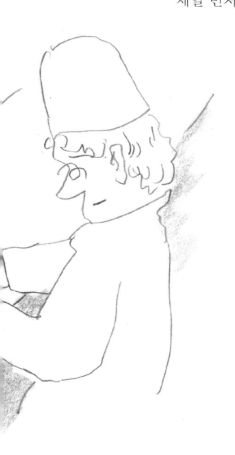

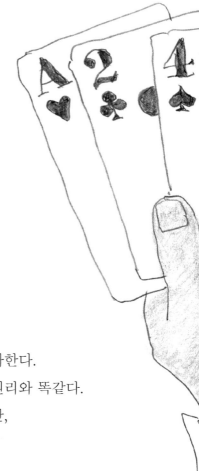

인간은 누구나
더러운 것보다 깨끗한 것을 좋아한다.
이건 카드놀이의 올드 메이드 원리와 똑같다.
돈은 세상을 돌고 도는 것이지만,
어차피 내는 거
더러운 것부터 내고 싶다.

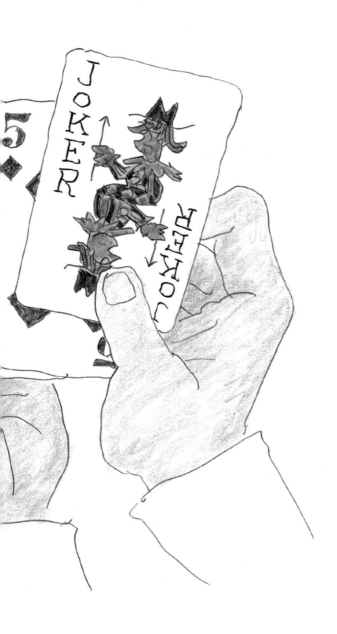

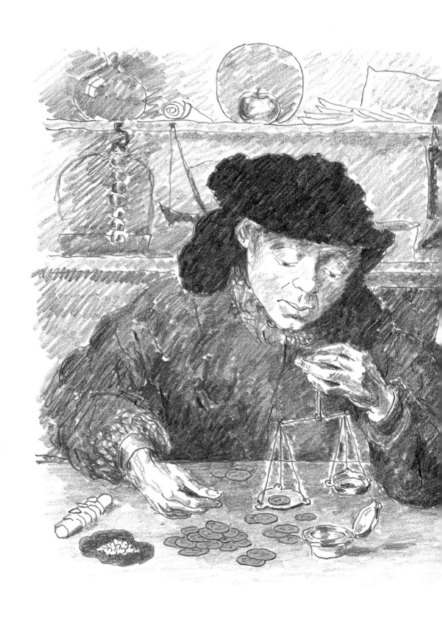

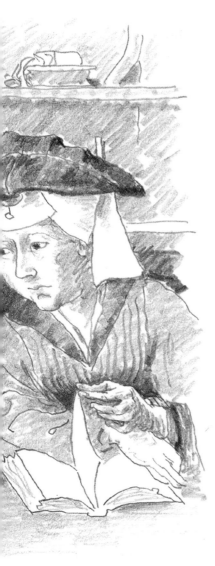

지폐 이전의 금화 시대에는
이런 현상이 더욱 뚜렷했다.
정부가 금화를 만드는 방식에 따라
금 함유량이 매우 달랐다.
따라서 액면 가치가 같은 금화라도
금 함유량이 많은 것보다
적은 것을 먼저 사용했다.

그 결과,
양화는 집 안 깊숙이 간직되었고
시장에는 악화만 나돌았다.

중고 카메라의 세계도 그렇다.
카메라 마니아는
좋은 라이카를 원한다.
그래서 좋은 물건을 보면 그걸 사고
갖고 있는 나쁜 것을 방출한다.
무슨 일이든 그렇다.

시계도 명화도 골동품도.
정말 좋은 것은 깊숙이 숨겨져 있고,
시장에는 그보다 나쁜 것만 넘친다.

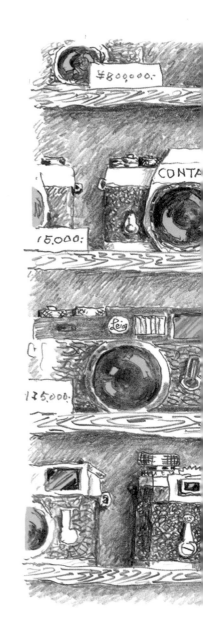

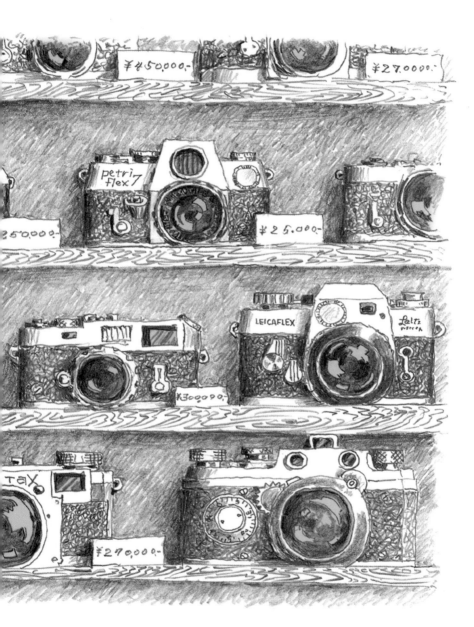

자유롭고 평등한,
밝고 민주적인
사랑과 인류와 지구를 지키는
인권, 예술, 시민의 새로운
평화와 행복
그 외에도 등등

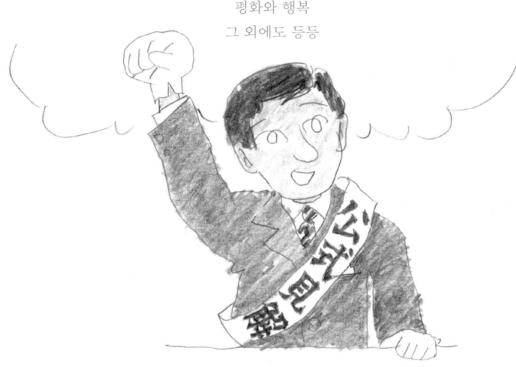

시장경제란 공공장소에서의 거래를 말한다.
그러니 악화만 넘쳐난다.
양화는 은밀한 곳에 숨어 있다.
유사한 것에 '속마음'과 '겉마음'이 있다.
공공장소에는 '겉마음'만 넘치고,
'속마음'은 각자의 내부에 조용히 몸을 숨기고 있다.

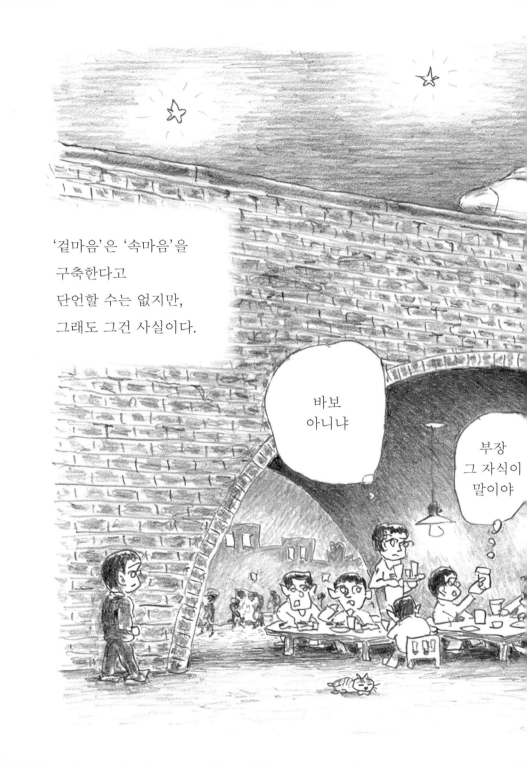

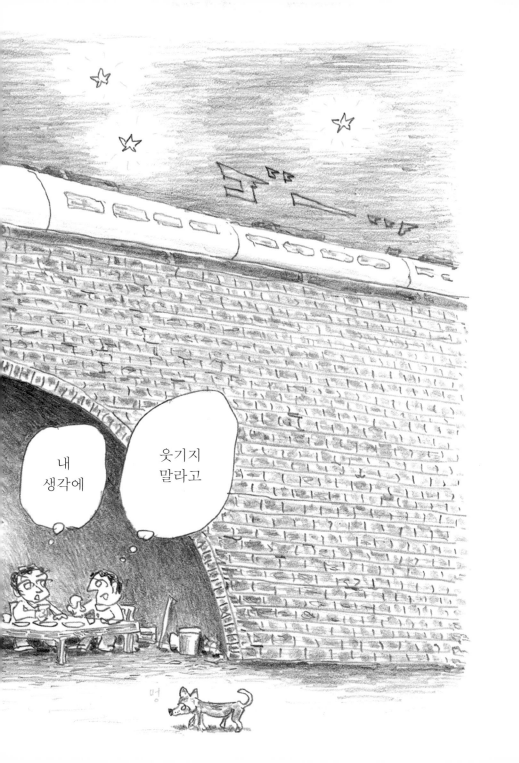

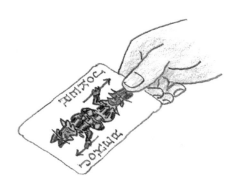

마
치
며

사람의 머릿속에는 여러 가지 의문이 있다. 누구에게 물어보고 싶은 의문도 있고, 물어봐야 소용없는 의문도 있다. 의문은 해결하면 과학이 되지만, 해결할 수 없는 의문은 철학이 된다. 물어봐야 소용없는 의문은 거의 철학이다.

인간은 죽으면 어떻게 되는가.

이 세상의 끝은 어떤 모습일까.

시간은 무한히 이어지는 것인가.

어린 시절에는 그런 의문을 모두 품고 있었다. 그러나 생각해도 해답이 없어서, 포기하고 어른이 되었다. 어른이 되어 해결의 길이 있는 과학으로 풀어보려 했다.

그러니 철학은, 사실은 아이들의 학문이라고 생각한다. 나는 왜 여기 있는가. 나는 어디에서 왔는가. 친구들과 신나게 놀 때는 그런 생각을 하지 않지만, 혼자 멍하게 있을 때나 낮잠 자다가 오줌을 싸서 깼을 때는 그런 철학이 머리를 지배했다. 지금은 어른이 되었지만, 그런 어린애가 머릿속 어딘가에 지금도 납죽 앉아 있다. 그러다 문득 머리 밖으로 나오는 일이 있다.

처음에는 돈에 관한 의문이었다. 어렸을 때 나는 돈의 존재 자체가 불합리하다고 느꼈고, 이해할 수 없었다. 가난했던 탓도 있었을 것이다. 가게에는 쌀과 채소와 고기가 있는데, 돈이 없으면 손을 내밀 수 없다. 뭐지, 대체 돈이라는 건.

하지만 어른이 되어가는 중에 그 불합리함을 이해하게 되었다. 생활이 시작되면 마냥 두 손 놓고 있을 수 없기 때문이다. 불합리하다고 생각하면서도 돈을 벌어 쓰지 않을 수 없다.

이는 예를 들자면 미일 관계와 비슷하다. 이 지구상에서 미국이란 존재는 대체 뭘까 하고 생각하면서도 일단은 그 관계를 받아들이고 생활한다.

이 책 『신기한 돈』에서 다룬 돈의 문제는, 어린 시절에 품었던 의문이라기보다 어른이 되어 돈을 사용하게 되면서 그 관계에서 품은 작은 의문이다. 의문은 작은 것일수록 현실감이 있다.

이 어른을 위한 그림책 기획안을 편집부의 에가미 다카시 씨에게 털어놓은 것은 2년 전의 일이었다. 에가미 다카시 씨와는 전에 『우유부단술(優柔不斷術)』이라는 책을 함께 작업했다. 그 책도 통쾌했지만, 이번에는 그야말로 '기다렸다'는 듯이 내 머릿속 어린애가 신이 나서 몇 가지 의문을 던져주었다. 나라는 수수께끼, 풍경화의 측면, 돈의 문제, 쓰레기와 예술 등 여러 가지 가운데 첫 번째가 이 책이다.

내 머릿속 작은 어린애가 조금씩 확대되어 무척 기쁘다. 편집을 맡아준 에가미 다카시 씨에게는 새삼 고맙다. 북 디자인을 맡아준 나라사와 노조미 씨에게도 감사를 표한다.

2005년 8월 22일
아카세가와 겐페이

지은이이자 현대미술가, 소설가인 아카세가와 겐페이(赤瀬川原平)는 1937년 일본 요코하마에서 태어나 무사시노미술대학(武蔵野美術大学) 유화학과를 중퇴했다. 1960년대에는 전위예술 단체 '하이 레드 센터(High Red Center)'를 결성해 전위예술가로 활동했다. 이 시절에 동료들과 도심을 청소하는 행위 예술 〈수도권 청소 정리 촉진 운동(首都圏清掃整理促進運動)〉을 선보였고, 1,000엔짜리 지폐를 확대 인쇄한 작품이 위조지폐로 간주되어 법정에서 유죄 판결을 받기도 했다. 1970년대에는 《아사히 저널(朝日ジャーナル)》과 만화 전문 잡지 《가로(ガロ)》에 '사쿠라 화보(櫻画報)'를 연재하며 독자적 비평을 담은 일러스트레이터로 활약했다. 1981년 '오쓰지 가쓰히코(尾辻克彦)'라는 필명으로 쓴 단편소설 「아버지가 사라졌다(父が消えた)」로 아쿠타가와 류노스케 상(芥川龍之介賞)을 받았다. 1986년 건축가 후지모리 데루노부(藤森照信), 편집자 겸 일러스트레이터 미나미 신보(南伸坊)와 '노상관찰학회(路上観察学会)'를, 1994년 현대미술가 아키야마 유토쿠타이시(秋山祐徳太子), 사진가 다카나시 유타카(高梨豊)와 '라이카 동맹(ライカ同盟)'을, 1996년 미술 연구자 야마시타 유지(山下裕二) 등과 '일본 미술 응원단(日本美術応援団)'을 결성해 일원으로 활동했다. 2006년부터 무사시노미술대학 일본화학과 객원교수를 지냈다. 2014년 10월 26일 일흔일곱의 나이로 세상을 떠났다. 지은 책으로 『나라는 수수께끼(自分の謎)』『사각형의 역사(四角形の歴史)』 『초예술 토머슨(超芸術トマソン)』『운명의 유전자 UNA(運命の遺伝子UNA)』 『센 리큐: 무언의 전위(千利休: 無言の前衛)』『노인의 힘(老人力)』 『우유부단술(優柔不断術)』 등이 있다.

옮긴이 김난주는 경희대학교 국어국문학과를 졸업하고, 일본 쇼와여자대학(昭和女子大学)에서 일본 근대 문학으로 석사 학위를 받았다. 현재 일본 문학 전문 번역가로 활동하고 있다. 옮긴 책으로 『나라는 수수께끼(自分の謎)』『사각형의 역사(四角形の歴史)』 『냉정과 열정 사이: 로소(冷静と情熱のあいだ: Rosso)』『키친(キッチン)』 『박사가 사랑한 수식(博士の愛した數式)』『겐지 이야기(源氏物語)』 『나는 고양이로소이다(吾輩は猫である)』『별을 담은 배(ほしぼしのふね)』 『신참자(新参者)』 등이 있다.